DADA 全球艺术启蒙系列 N° 15

第 3 辑 · 古典大师

葛饰北斋、歌川广重与浮世绘大师

Hokusai, Hiroshige et les maîtres de l'ukiyo-e

[法]克里斯蒂安·诺比亚尔 [法]安东尼·乌尔曼/编
欧 瑜/译

中信出版集团 · 北京

图书在版编目（CIP）数据

葛饰北斋、歌川广重与浮世绘大师 /（法）克里斯蒂安·诺比亚尔，（法）安东尼·乌尔曼编；欧瑜译 . -- 北京：中信出版社，2017.12

（DADA 全球艺术启蒙系列 . 第 3 辑，古典大师）

ISBN 978–7–5086–8044–6

Ⅰ . ①葛… Ⅱ . ①克… ②安… ③欧… Ⅲ . ①葛饰北斋 (Katsushika Hokusai 1760–1840) – 传记 – 少儿读物② 安藤广重 (1797–1858) – 传记 – 少儿读物 Ⅳ . ① K833.135.72-49

中国版本图书馆 CIP 数据核字 (2017) 第 201239 号

DADA Hokusai, Hiroshige et les maîtres de l'ukiyo-e, edited by Antoine Ullmann and Christian Nobial, illustrations by Icinori.

The original edition of this book was published in France.

DADA 全球艺术启蒙系列：葛饰北斋、歌川广重与浮世绘大师

编　　者：[法] 克里斯蒂安 · 诺比亚尔　[法] 安东尼 · 乌尔曼

译　　者：欧　瑜

出版发行：中信出版集团股份有限公司

（北京市朝阳区惠新东街甲 4 号富盛大厦 2 座　邮编　100029）

承 印 者：鹤山雅图仕印刷有限公司

开　　本：540mm × 970mm　1/8　　印　　张：8. 5　　字　　数：50 千字

版　　次：2017 年 12 月第 1 版　　印　　次：2017 年 12 月第 1 次印刷

京权图字：01–2015–7762　　广告经营许可证：京朝工商广字第 8087 号

书　　号：ISBN 978–7–5086–8044–6

定　　价：49.80 元

策划出品：中信童书

策划编辑：常　青　　责任编辑：曹红凯　　美术编辑：王　莹　韩莹莹

营销编辑：鲍　芳　吴　畏

特邀策划：黄津翠

服务热线：400–600–8099

投稿邮箱：author@citicpub.com

编辑寄语

浮世的景象

这是关于一道波浪的故事。一道高高耸起的可怕巨浪。三条小船以身犯险，眼看就要沉没在惊涛骇浪之中，翻滚的浪花好似一头张牙舞爪的猛兽迎面扑来（见第 30 页）。可是这三条小船在大浪里干什么呢？按照当时的传统，这些小船是负责把鱼从小渔村运到大城市去贩卖的运输船。但是，画面中的三条小船看起来是空的。或许它们是在返回的路上，但能不能平安到岸就说不准了……

这是关于一道波浪的故事。一道出自浮世绘大师葛饰北斋之手的波浪。在画面的背景中，我们可以看到日本艺术的大明星：著名的富士山，无数油画、素描和浮世绘所描绘的对象。在日本人眼中，这幅画具有特殊含义，因为在观看这幅画的时候，应该从右往左看，而不是从左往右：小船并非在逃离巨浪，而是相反，在冲着巨浪迎头而上！

这是关于一道波浪的故事。一道在欧洲掀起了热潮的波浪。这幅浮世绘就像其他很多绘画作品一样，在 19 世纪 60 年代传遍了世界。经过很长一段时间的闭关锁国后，日本终于向世界敞开了大门，欧洲的艺术家们于是发现了一种艺术，一种后来对他们产生了重大影响的艺术。莫奈、梵高、高更、惠斯勒，一大批艺术家都为这种叫作浮世绘的日本版画所倾倒，并以此为灵感创造出一种全新的艺术。

这是关于一道波浪的故事，但这道波浪的背后藏着一整片汪洋，一片浮世绘的汪洋，远比这幅不知曾被多少人模仿过的葛饰北斋的作品要丰富得多。说到浮世绘，就必然会提到葛饰北斋，而说到葛饰北斋，往往就会想到《神奈川冲浪里》……用这道翻滚的巨浪作为封面的书籍多到数都数不过来。然而，擅长这种日本版画艺术的大师，又何止葛饰北斋一人，从铃木春信到歌川广重，还有喜多川歌磨和月冈芳年。这种艺术堪称超乎想象的宝藏，你可以在其中看到烟花女子和歌舞伎、妖怪和神灵，还有日本人的生活场景和令人窒息的美景。而且，这种艺术可不仅仅只是掀起了一道道巨浪，时至今日，我们依然可以在众多日本漫画中看到它留下的痕迹。

DADA Nº 15

目录

浮世绘，是什么？

从字面上看，浮世绘的意思是“浮世的景象”。但为什么是“浮世”呢？难道是因为日本是一个被大海包围的岛国吗？绝对不是！

想要真正理解这种极富诗意的说法，就要追溯到中世纪。在当时的佛教用语中，“浮世”指的是俗世的表象世界，与“涅槃”相对，后者意为“彻底的超脱”。这种说法后来被沿用下来，但意思发生了变化，指的是“晚间的庆祝活动和转瞬即逝的欢愉”，这些活动自 17 世纪开始盛极一时。

享乐主义

浮世绘在今天会那么有名，幕府将军德川氏功不可没。1603 年，日本天皇将政权交给了德川将军，国家终于迎来了和平。从那以后，日本步入了一段繁荣昌盛的发展时期，史称江户时代，这是因为德川将军把都城设在了江户，也就是现在的东京。在那个年代，除了看戏和纵情声色，江户的居民们并没有太多的娱乐活动。浮世绘，就诞生在那些专供娱乐的场所中。当时的浮世绘销售得很好，因为在 17 世纪，江户已经成为世界上最大的城市之一，居民数量超过百万！

《水茶屋的阿仙与年轻武士》（*Osen de kagiya et le jeune Samouraï*），**铃木春信，约 1768—1769 年。**
版画，28.2 厘米 x 21.9 厘米。波士顿，波士顿美术馆。

水茶屋中的女孩

面对这个艺伎、武士和歌舞伎的世界，画家和版画家也掀起了属于自己的小小革命。他们想出了一个绝妙的点子：用木版画作为交流工具。只需一幅印刻作品，就可以印制出无穷无尽的图画！这就是我们所说的版画，用来散发招贴或年历最理想不过了。铃木春信，是这个行当里的翘楚。在短暂的职业生涯中，他创作了 1 200 多幅版画，描绘的对象大多是女性：公主、传说中的女豪杰或当地的名人。右边这幅画里的主角就是当时著名的大美女阿仙。她是江户一间水茶屋里的奉茶女，画中的她为年轻的武士端来一杯茶。仔细看看画面的构图；铃木春信为观众提供了一个俯视的角度，让人们觉得好像是在偷窥画中的人物。整幅画的构图非常匀称，两个人物清晰地将整张画一分为二、各占一半，但通过一杯茶聚在了一起。整个日本文化都凝缩在这个画面之中。

有趣的夫人

继铃木春信之后，众多艺术家纷纷开始赞颂这些可望不可即的女子。多亏了喜多川歌麿，这些女子的日常生活也成了版画的表现主题。在这幅《野望》中，喜多川歌麿带领我们走进了一位母亲的私密世界。画家的描绘手法不乏温情和幽默：在屏风后面爬行的婴儿，仿佛在邀请你我一同去看他的母亲，而他的母亲正在镜子里冲着自己的孩子吐舌头呢！这跟中规中矩的传统描绘手法大相径庭。在这幅画中，镜子的圆形边缘和女子的发式，与团扇的轮廓形成了呼应。再看看人物服饰的细节，尤其是近景中那个年轻女孩和服上的菊花图案。这幅作品创作于18世纪，展现了自铃木春信以来版画的发展历程。借助版画的进步和前辈画家的范例，喜多川歌麿对织物和身体动态的描绘变得更加细腻和纯熟。

《野望》(*Coup d'oeil furtif*)，喜多川歌麿，约1799—1800年。
版画，38.2厘米 x 25.4厘米。巴黎，法国国家图书馆。

年轻人的偶像

浮世绘的主角，可不是只有女性。戏剧，也是这种绘画形式取之不竭的灵感源泉。确切地说，在戏院里进行表演的只有男性，就连女性角色也是由他们扮演的！在那个年代，他们是名副其实的大明星，比如这两位歌舞伎演员。这件浮世绘是东洲斋写乐的作品，他自己就很可能是一名能剧演员。东洲斋写乐的作品数量不多，但都是写实主义的经典佳作。瞧瞧画面中张力十足的心理戏：画家生动地描绘出两个演员间的互动和各自的性格。此外，画中人物怪模怪样的面孔，几乎让人觉得这是一幅讽刺漫画，而特写的取景方式，则让演员的肖像愈发令人瞩目。

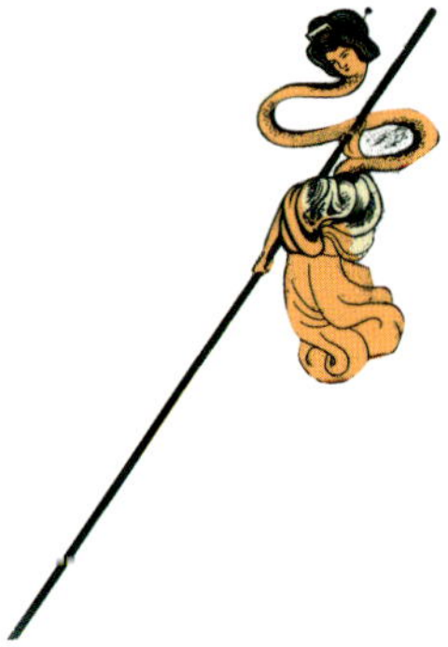

《歌舞伎演员肖像》(*Portrait d'acteurs de kabuki*)，
东洲斋写乐，1794 年。
版画，38.4 厘米 x 25.5 厘米。巴黎，吉美博物馆。

《威尼斯大运河透视图（浮绘）》[*Vue en perspective (uki-e) du grand canal de Venise*]，歌川丰春，1770 年。
版画，22.9 厘米 x 35.7 厘米。巴黎，吉美博物馆。

登船前往……威尼斯！

到了18世纪，浮世绘的大师们不再满足于娱乐或戏剧的场景。尽管日本实行了闭关锁国政策，但艺术家们描绘的主题依然丰富多彩。早在葛饰北斋和歌川广重（见第21至25页）这两位风景绘大师之前，歌川丰春就已经对欧洲绘画有所了解。他或许欣赏过来自荷兰的版画，并以此为灵感创作出具有惊人透视效果的画面。前页那幅创作于1770年的浮世绘，除了绘画技巧之外，没有丝毫的日式风格。作品描绘的是威尼斯和城中的大运河！除了秀丽的风景、贡多拉和教堂，仔细看看收拢在画面中央的线条，那是典型的西方绘画构图。

浮在水面上

以花卉和昆虫为主题，也能创作出美妙的浮世绘！看看葛饰北斋的作品就知道了。他绝非对此类题材感兴趣的第一人，但或许是擅长者之一。1834年，葛饰北斋创作了《小花》系列，右边这幅描绘翠鸟、康乃馨和鸢尾的作品就是其中之一。这些在日本文化中占有重要地位的花卉，会让人想到水生世界，一如这只藏在叶片间的翠鸟。整个画面精巧而细腻、和谐而悦目。比如在画面上方，红色的渐变微妙动人，与近景中的红花相映成趣。在画面中间，枝叶和花瓣仿佛在漂浮，正应了浮世绘的“浮”……

卡特琳·吉莫内 撰文

《翠鸟、康乃馨与鸢尾》（*Martin-pêcheur, oeillet et iris*），葛饰北斋，1834 年。版画，24.3 厘米 x 18.2 厘米。巴黎，吉美博物馆。

大师的作坊

墨汁加纸张：一幅浮世绘，看起来似乎很容易。可你知道吗，除此之外，还需要樱桃木、刻刀和强大的专注力。让我们去看看浮世绘大师的一天……

江户骄子

晨曦初露江户城。一夜喧嚣之后，“青楼”聚集的街巷渐渐恢复了平静。一名青年男子从扇屋走了出来，嘴角挂着一丝微笑。他与“遣手”的会面进行得很顺利，“遣手”就是负责监督的“游女”……这个老妇人想要正式推出由美，一名前途无量的舞伎，所以请画家为由美绘制一幅漂亮的浮世绘。在对女孩进行了一番仔细观察之后，大师迫不及待地开始了创作。

泼墨的艺术

回到家后，画家走进了内屋的主厅。眼前混乱不堪！到处堆放着书籍和卷轴浮世绘。几张矮桌上放着墨锭和画笔——笔尖朝下，整齐地排成一列，还有盛放着颜料的小碗。大师小心翼翼地往一种名叫“砚碟”的斜底长形盘中倒了一点清水。然后，他轻轻地拿起一块墨锭在砚碟上研了起来，慢慢地，砚碟里的水变成了深黑色。接着，他飞快地勾出一张清丽的面孔、一张樱桃小口和纤细的美颈。几只簪夹把长长的青丝盘成一个复杂的发髻。画面中的由美似乎在侧耳倾听，纤柔的小手优雅地放在丝质和服上。

《少妇肖像特写的木刻画》
（*Bois de trait d’un portrait de jeune femme en plan rapproché*），
喜多川歌麿，18 世纪。
樱桃木雕版，39 厘米 x 25.7 厘米。巴黎，法国国家图书馆。

《少妇肖像特写的现代印刷》
（*Impression moderne du portrait de jeune femme en plan rapproché*），
喜多川歌麿，19 世纪。
版画，38 厘米 x 25.5 厘米。巴黎，法国国家图书馆。

《三联张：浮世绘作坊》(*Triptyque: atelier d'estampe Ukiyo-e*)，歌川国贞，1850 年。版画。巴黎，吉美博物馆。

刻在木板上！

“下绘”终于完成了，艺术家带着这幅下绘来到了印刷坊。下绘是他的原画，是制作浮世绘的模型。在木版印刷坊里，男人们正在忙碌着：那个时候还没有女性手工艺人，不像左边这幅画中所描绘的情形！原画被交给了雕版师，他用胶把原画面朝下粘在一块樱桃木板上。图画透过薄如蝉翼的纸张显露了出来……浮世绘大师放心了：这是城中最好的雕版师之一。雕版师手握剪刀和刻刀，灵巧地避开了线条周围的木面。美人的立体肖像渐渐浮现在眼前。接着，雕版师又制作出好几块不同颜色的雕版。一些浮世绘甚至需要制作多达 30 块的不同雕版！

系列画

现在轮到刷版师上场了：他把墨汁涂抹在雕版上，然后把一张稍稍浸湿的纸覆盖在上面。接着，刷版师把一个裹着竹纸的圆形印章用力地压上去，再轻轻地拿起来……每压一次，都好像魔法一般：肖像出现了，跟原画一模一样。遣手肯定会非常满意的。一旦有了木质雕版，就可以持续不断复制由美姑娘的浮世绘，10 年，甚至 100 年，那些倾慕姑娘美貌的人有福啦！

埃莱奥诺尔·内斯曼　撰文

寻找合格的风景画家

很久以前，浮世绘是一个满是纵情声色、欢歌艳舞和美丽女子的世界。后来，有一天，浮世绘变了样子，成了诗意盎然的风景画。是魔法吗？不尽然……

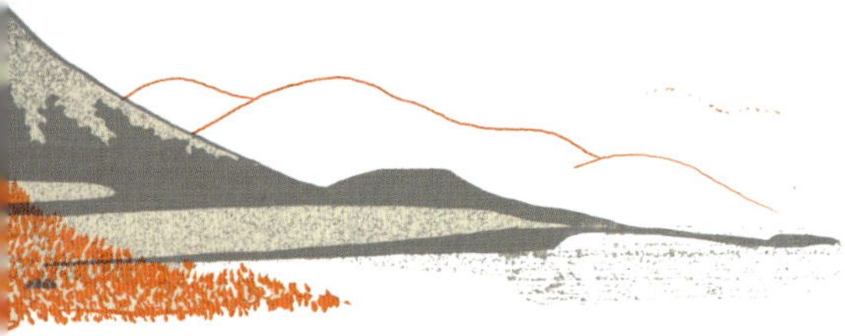

织锦中的风景

啊，大自然，清新的空气……只不过，这并不是浮世绘师所喜爱的风格。为什么？因为这些艺术家要玩一场叛逆的游戏。实际上，风景和自然是古典画家钟爱的题材之一，尤其是狩野派的艺术家。然而，浮世绘大师们更青睐描绘江户的风月区吉原的生活。真是些浪荡子！喜多川歌麿和歌川丰春都曾创作过风景题材的浮世绘，但数量极少。这些风景往往被用来衬托某位演员或某个生活场景，无论在本义上还是在转义上，都属于背景。你看，在这幅鸟文斋荣之的浮世绘中，你觉得背景中是一块装饰屏风呢，还是一幅透过薄纱帐看到的风景呢？然而这并不重要，浮世绘的主角，是这些风情万种的烟花女子！

《青楼四季戏》（*Les quatre saisons du plaisir au Yoshiwara*），**鸟文斋荣之，1790—1800 年。**版画，37.4 厘米 x 51.4 厘米。巴黎，法国国家图书馆。

《富岳三十六景之二十七：相州江之岛》(*27ᵉ Vue: Enoshima dans la province de Sagami*)，葛饰北斋，约 1829—1834 年。版画，25.5 厘米 x 37.5 厘米。巴黎，法国国家图书馆。

狂欢落幕

进入 19 世纪，日本的当权者决定进一步加强闭关锁国政策，禁止出版风月浮世绘！免费宣传的时代结束了，此后，不准在浮世绘里表现烟花女子的身份。再见啦，大型半身肖像画！这种做法大大地限制了艺术家们的灵感来源。怎么办？一些画家继续创作以人物为主题的作品，另一些画家则决定投入大自然的怀抱！这场大转折的领头人葛饰北斋和歌川广重，让风景绘成为单独一种门类的浮世绘。不过必须承认的是，特殊的情势令他们在选择这条道路时不必承担太大的风险。

游人如织！

19 世纪，日本成了一个与世隔绝的国度。德川时代的幕府已是强弩之末，但仍然在垂死挣扎：断绝与外国列强的一切联系。想要周游列国的日本人，只能欣赏本土的风景了，日本国内的旅游业因此迅速发展了起来，路况得到了改善，越来越多的日本人加入了长途旅行的队伍。任何理由都能成行：朝圣、经商……这些旅行者都带回了些什么呢？满满的回忆！好消息：一幅浮世绘，灿若桃李，轻若鸿毛。售卖浮世绘的商贩成群结队地在路边吆喝。这种形势对我们的两位风景绘大师非常有利。带一幅江之岛朝圣之旅的画回家，你觉得怎么样？瞧瞧这些穿过河湾的小人儿，没准里面就有你呢？明丽的色彩和背景中的富士山，这幅浮世绘绝对可以媲美任何一张明信片。

准备出发

那么，你想来一次日式出游吗？请出发前往东海道。这条干道连接了幕府将军的居所江户城和皇城京都。早在 1832 年，歌川广重就随同幕府将军的护卫队走过这条线路。在返回的途中，他创作了著名的《东海道五十三次》，由此奠定了他浮世绘师的地位。日本桥是此次与歌川广重同游的始发站，是当时日本五大干道的交会地。别磨蹭了，你瞧，在渐变的蓝色和橙色中，晨光已经微露。你还要走很长一段路呢，已经有一队游客在过桥了，他们将要踏上一段神奇的旅程。是时候离开道路交错的城市了，日本的美景只等你的到来。

《东海道五十三次：日本桥》（*Le pont de Nihon-bashi*），歌川广重，约 1833 年。
版画，24.8 厘米 x 37.2 厘米。纽瓦克，纽瓦克博物馆。

東海道五拾三次之内
日本橋

紧跟向导!

在旅途中，你有时不知道应该看些什么。实际上，日本有很多秀美如画的风景。为此，“名所绘”——一种描绘著名景致和值得一看之地的浮世绘应运而生。在葛饰北斋和歌川广重的浮世绘中，经常可以看到这些名川胜景，这也是人们异常喜爱这两人作品和风景绘的原因。不得不承认，在这幅选自《诸国瀑布揽胜》系列的《和州吉野义经马洗泷》中，湍急的飞流确实让人过目难忘。画技超群的葛饰北斋，只用了很少的颜色就描绘出扣人心弦的画面效果。站在笔舍山前，又怎能不流下几滴冷汗呢？这山就好像悬在空中，旁边是一堵令人心旋摇曳的峭壁。据说，画家狩野元信因为无法忠实地重现出这里的景致，曾绝望地将画笔投入水中。而歌川广重则凭借精湛的技艺完成了这个艰巨的任务。

克莱芒斯·西蒙 撰文

《诸国瀑布揽胜：和州吉野义经马洗泷》
（*Cascade de Yoshitsune*），葛饰北斋，1833 年。
版画，34.6 厘米 x 24.2 厘米。华盛顿，弗瑞尔美术馆，史密森尼学会。

《东海道五十三次：坂之下》（***48e relais: Sakanoshita***），**歌川广重，约 1833 年。**版画，25.4 厘米 x 38.3 厘米。巴黎，法国国家图书馆。

向富士山出发

富士山，是风景绘中的大明星。还不仅如此……从古至今，富士山是每一位日本艺术家必选的描绘主题，这些艺术家中首推歌川广重和葛饰北斋。人人都有自己的富士山……

富士山，太老套？

无论是《富岳三十六景》，还是《富岳百景》，有一点可以肯定：葛饰北斋对这个主题钟爱至极。这些创作于 19 世纪 30 年代的系列浮世绘，获得了巨大的成功。为什么？因为富士山是日本文化中一个举足轻重的元素，跟日本神话传说中的一位司火女神有关。这座火山的最后一次喷发，可以追溯到 1707 年，人们对它有着近乎疯狂的信仰，每年都有不计其数的朝拜者来登山。在那个王城位于京都、权力中心定在江户的年代，全国各地的旅行者不远万里前来欣赏富士山的美景。富士山高 3 776 米，距离京都 60 多千米，从山上可以俯瞰整个城市。从那以后，这座日本的最高峰就成了风景绘的一部分。现在你明白葛饰北斋为什么画了那么多富士山的浮世绘了吧。歌川广重也创作了很多描绘富士山的浮世绘，先有《东海道五十三次》，后有《富士三十六景》和《富岳百景》。

《富岳三十六景之三：山下白雨》(*3ᵉ vue: L'orage au sommet de la montagne*)，葛饰北斋，约 1829—1834 年。版画，25.5 厘米 x 37.5 厘米。巴黎，法国国家图书馆。

富士狂

葛饰北斋是第一位以富士山为题材创作了系列浮世绘的画家。在日本艺术中，这座火山一直都占有重要地位，各种类型的艺术形式中都能看到它的身影：诗歌、屏风、卷轴画……这座山甚至深入到百姓日常生活的各个角落，成为镜子等用具的装饰。至于画家嘛，早在 11 世纪秦致贞描绘圣德太子生平的绘画作品中，就已经出现了这座日本的最高峰：太子骑着黑色骏马，朝着积雪皑皑的富士山进发。1299 年前后，在记述四处传经的日本游方僧人一遍上人的作品中，又再次出现了富士山和名所绘。

《圣德太子绘传（局部）》[***Trésor national, dix panneaux illustrant la biographie du prince Shôtoku（détail）***]，**秦致贞，约 1069 年。**
帛画，189.3 厘米 x 296.3 厘米。东京，东京国立博物馆。

画中的富士山

号称“画狂老人”的葛饰北斋，从1823年就开始宣传自己即将出炉的新作《富岳八景》。但这个作品系列最终也没能问世，不过，画家的构思倒是体现在了后来的《富岳三十六景》中。这些浮世绘呈现出各个角度和各个时节的富士山：惊涛骇浪之下，或是《武州玉川》中好似极地的氛围之中。经年不变、峭然而立的富士山，在危险的情形中可以成为方位座标，就像《神奈川冲浪里》这片激荡的海面，将运送食物到江户的小船颠得上下起伏。这个系列之所以那么出名，是因为新颖大胆的想象：葛饰北斋选择了典型的日式题材，但在处理手法上融合了亚洲传统绘画和西方艺术的影响。你看：画面中小小的富士山被放在了远景中，高高卷起的巨浪却近在眼前。在这幅画中，葛饰北斋采用了西式的透视法来描绘这道巨浪。而《山下白雨》(见第28页)则是一幅巍峨的棕色富士山的正面像。同样，《武州玉川》的构图由三条平行带构成：河堤、河流、天空。在这两幅浮世绘中，葛饰北斋采用了中国传统绘画所特有的方式营造透视感。但无论是哪种方式，他的作品都征服了大众。

《富岳三十六景：神奈川冲浪里》(*Sous la vague au large de Kanagawa*)，葛饰北斋，约1830—1832年。
版画，25.5厘米 x 37.5厘米。巴黎，吉美博物馆。

《富岳三十六景之八：武州玉川》（*8e vue: La revière Tama dans la province de Musashi*），葛饰北斋，约 1829—1833 年。版画，24.9 厘米 x 37 厘米。巴黎，法国国家图书馆。

《东海道五十三次：三岛宿》（*Mishima*），**歌川广重，约 1838 年。**版画，21.6 厘米 x 16.5 厘米。纽约，大都会艺术博物馆。

转瞬即逝的富士山

歌川广重似乎想要摆脱对手的印记："葛饰北斋大师在我之前创作了《百景》系列。他改变了富士山和自然景观的模样，为的是创造一个只属于他自己的世界。而我，只懂得临摹事物的本来面貌。所以，我的作品就像是一些相片。"那么，歌川广重眼中的富士山是什么样子的呢？在歌川广重的浮世绘中，总是一派熙熙攘攘的景象，他喜欢往画面中注入生活气息。与葛饰北斋不同，歌川广重很少描绘孤零零一个人面对雄壮自然的画面。但是，歌川广重的浮世绘可不仅仅是相片。画家喜欢在风景中添加几抹诗意，他的偏好是捕捉某个瞬间，晨曦或残阳、大雨或浓雾。在歌川广重的浮世绘中，我们能够感受到季节交替的脉搏。银装素裹的三岛，似乎一切都凝固了。你听到积雪在脚下咔嚓作响的声音了吗？天际线微微泛出玫瑰色，万籁俱寂……怕冷的人，可以去原村。水鹤站在稻田里，宣告了初春时节的到来。淡红色的朝阳从富士山的山顶缓缓升起，黑夜渐渐退去。歌川广重带着我们体验了转瞬即逝的美妙一刻。

克莱芒斯 · 西蒙 撰文

《东海道五十三次：原，朝之富士》（*13e relais: Hara, le Fuji au matin*），**歌川广重，约 1833 年**。版画，25.4 厘米 x 38.3 厘米。巴黎，法国国家图书馆。

怪物成堆

巨型蜘蛛、蛇女、可怕的鬼怪和吓人的骷髅：这些从民间传说或日本宗教中走出来的奇异生灵，经常会出现在浮世绘中，准保让你看了直打哆嗦！

鬼怪的故事

大众喜欢怪异和惊悚？19 世纪下半叶，很多艺术家都开始创作迎合这种趣味的浮世绘。他们的灵感来自一种日本的传统大众游戏百物语：在炎热的夏夜，大家围在一起讲述让人脊背发凉的鬼怪故事。19 世纪 30 年代，登上事业顶峰的葛饰北斋，在系列浮世绘《百物语》中为大众呈现了最令人惊奇的作品。画面中尽是些难以名状的奇异生灵、神秘的怪物或是复仇的灵魂，就像这位小幡小平次。死于妻子之手的小平次，每夜都会出现在妻子的梦境之中，搅得她不得安宁：在葛饰北斋的笔下，小平次从黑暗中浮现出来，扒开谋杀犯妻子床榻上方的蚊帐。画家对头颅的描绘堪称细致入微，与其余部分的一片昏暗形成了鲜明的对比。我们眼中看到的只有小平次。真够吓人的！

《百物语：小幡小平次》（*Le Spectre de Kohada Koheiji*），
葛饰北斋，约 1830 年。
版画，26.2 厘米 x 18.7 厘米。巴黎，法国国家图书馆。

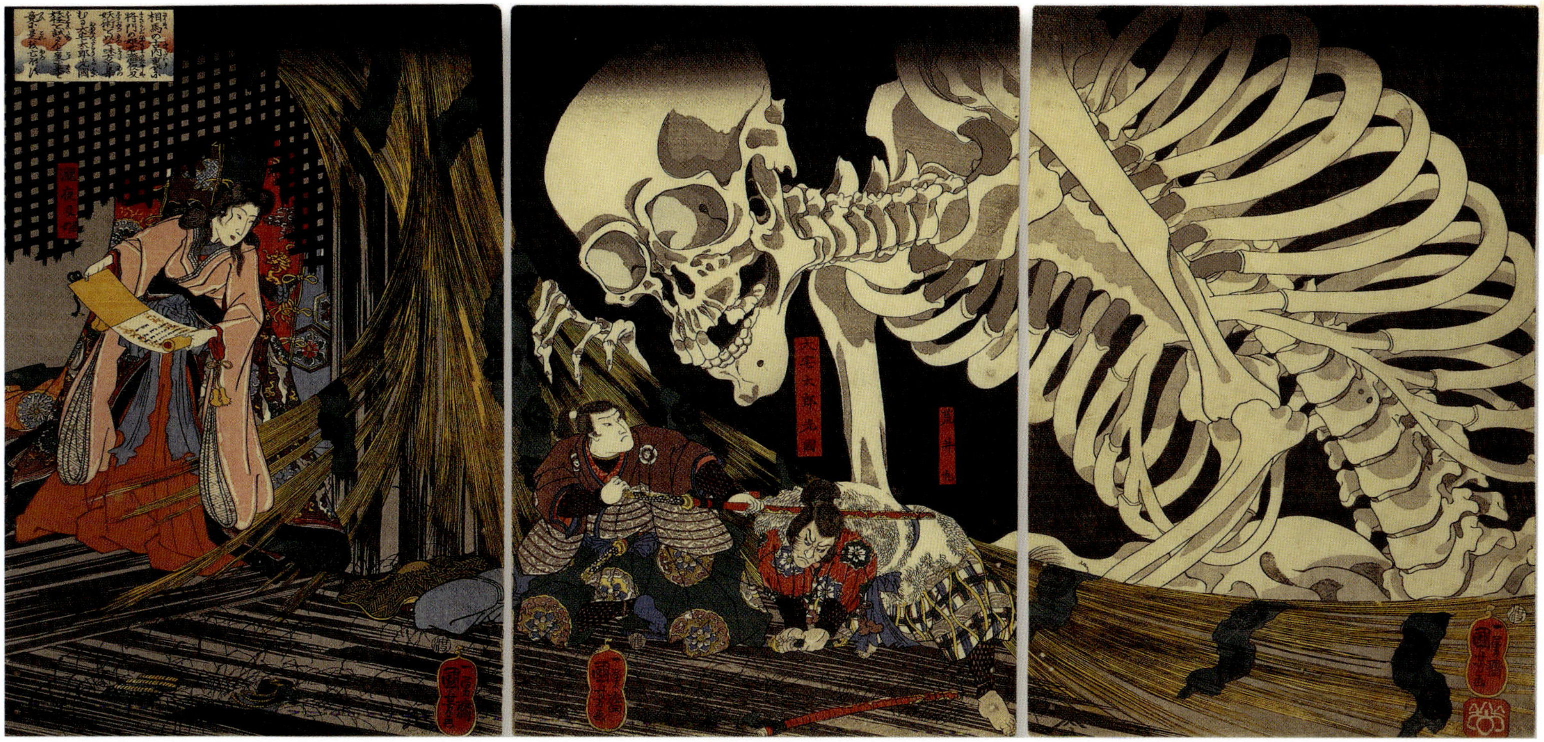

《相马旧王城》（***La princesse Takiyasha convoque un spectre squelettique pour effrayer Mitsukuni***），**歌川国芳，约 1844 年。**
三联张版画，37 厘米 x 25 厘米。伦敦，大英博物馆。

骷髅舞

就像在歌舞伎中一样，浮世绘师也常常会在作品中描绘古代史诗的情节。比如，歌川国芳最著名的作品之一《相马旧王城》，描绘的就是泷夜叉姬的故事：身穿优雅和服的公主泷夜叉姬，唤来一具硕大无朋的荒骷髅，想要吓退武士光圀和他的随从。光是荒骷髅惨白骇人的身形，就占去了这幅三联张中的两联！这种构图非常新颖，营造出一种极具现代感的动态效果：荒骷髅仿佛从背景中钻了出来，令近景中小小的人物显得不堪一击。

妖怪：大坏蛋还是小可爱？

妖怪，奇形怪状、凶神恶煞的生灵，能够变化成人或动物，常常在夏天的丑时到寅时之间，也就是凌晨 2 点到 3 点现身。月冈芳年在浮世绘中画了几个典型的妖怪，其中不乏幽默之意。其中的一幅，描绘的是几个妖怪在吓唬一个老妇人：贪心的老妇人打开了关着妖怪的柳条箱，她还以为里面藏着金银财宝。一只瞪着眼睛的蛇形人头怪，会让人想到辘轳首（一种脖子可以无限延伸的长颈妖怪）；一只河童，日本民间神话中会带来厄运的青蛙怪；还有一只尖耳朵的独眼怪，瞧，这就是众多妖怪里的几个代表人物，这些妖怪在 20 世纪 50 年代末再次出现在了日本漫画中。

埃莱娜 · 凯尔玛彻特 撰文

《老木柜中的妖怪》（*Le lourd panier*），月冈芳年，1892 年。版画，36.4 厘米 x 24.6 厘米。堪培拉，澳大利亚国立美术馆。

一幅作品道尽浮世绘

快，大家快躲起来！一场大雨突降江户城，可是在这座桥上没处可躲呀……在这幅画中，歌川广重揭晓了浮世绘所有的秘密。

系列报道

浮世绘艺术取材自大众的日常生活。在《大桥安宅之夕立》中，歌川广重也依循了这个规则。在画面中可以看见一个划竹排的男人，以及在桥面上忙着避雨的人们。这个场景发生在江户，也就是今天的东京。在帽子和雨伞的下面，一张面孔也看不见。永远不会有人知道这些小人儿是谁。通过这种表现手法，歌川广重把全部精力都集中在了生活的这个截面上。没有任何一个鹤立鸡群的人物，整个场面才是重点。跟其他浮世绘师一样，歌川广重也没有止步于单张作品，他也创作系列画，就同一主题创作数十张甚至数百张浮世绘。这幅《大桥安宅之夕立》，就是《名所江户百景》系列中的一幅。因此，歌川广重所追求的，是确切地描绘出某个城市中生活的方方面面，或是某个地区的千姿百态。你瞧，早在摄影术出现之前，日本人就已经投身到配图报道中了！

关键时刻

在这些报道中，歌川广重及其门徒的关注点，主要集中在日本的动人景致上。风景，是他们的优先报道主题。歌川广重谦卑地将自己的艺术为自然所用，目的是与人分享自己在看到一番景致时的感想，捕捉转瞬即逝的一刻，没有他就不会有人注意到的那一刻。因此，歌川广重对季节、变化无常的天气、云朵和雾气都非常感兴趣。在这里，作品描绘的主题并不是桥，而是大雨。灰色天空中的黑云在江户城降下细密的大雨，我们称之为空气效果。把自然及其变化置于作品的中心，这是西方艺术家所不知道的。正是这种对风景独一无二的观察角度，既细致入微又带有敬畏之情，对后来的印象派产生了深刻的影响。

慢条斯理

为了表达对大自然的敬意，歌川广重专注本质性的元素，抛弃了所有多余的细节。他使用的方法很简单，却很有效：用不多的几种颜色营造氛围，用几根恰到好处的线条勾勒出场景的空间感。在这幅画中，有两条对角线相交，但交点在画面之外：一条线是桥，一条线是背景中的河岸。整个画面中，只有桥墩是垂直的。平行的雨线则为画面带来了几分动感。色彩同样简洁：一点蓝色，一点灰色，桥是唯一一抹惹眼的亮色。一如浮世绘的惯常技法，歌川广重用简洁的方式，完成了一幅克制而充满诗意的典型日式作品。大雨中一派寂静，这场雨仿佛消弭了所有的声响。

埃米莉·马丁-内特 撰文

《名所江户百景：大桥安宅之夕立》（*Averse soudaine sur le pont Ohashi à Atake*），歌川广重，1857 年。版画，36.5 厘米 x 24.7 厘米。私人收藏。

日本浪潮

19 世纪末，日本向世界敞开了怀抱，欧洲掀起了一股浮世绘的热潮，引发了一场艺术海啸。

异国风情

1862 年，日本参加了在伦敦举行的世界博览会。欧洲的公众首次领略到日本艺术的精巧与细腻，尤其是浮世绘。这就是日本主义的开端：涉及绘画、装饰艺术，甚至时尚等各类领域的一股热潮和一种运动。在伦敦，画家惠斯勒小试牛刀，在他的这幅《来自瓷器国度的公主》中，主角是一名西方女子，却身穿和服，她的身后是一扇日式屏风。女子保持站立的姿态，背部微弓，双手向前，就像我们在一些浮世绘中看到的日本女子。那扇屏风上装饰着精美的花卉图案，蓝色地毯上的花纹则会让人想起蓝白色的亚洲瓷器。曾生活在美国、英国和法国三地的惠斯勒，成了这些异域风情图案在西方世界的积极传播者。“日本热潮”就此拉开序幕。

《来自瓷器国度的公主》(*La Princesse du pays de la porcelaine*)，
詹姆斯 · 惠斯勒，1863—1865 年。
布面油画，199.9 厘米 x 116.1 厘米。华盛顿，弗瑞尔美术馆，史密森尼学会。

基线

那些想要寻找新灵感的欧洲画家如获至宝。因为便于运输，歌川广重和葛饰北斋的浮世绘来到了勒阿弗尔和巴黎，出现在售卖珍奇物品的商店和艺术家的工坊里，并迅速传播开来。在众多收藏家中，让－弗朗索瓦·米勒和泰奥多尔·卢梭从这些浮世绘作品中汲取灵感，令风景画面貌一新。莫奈则从中借鉴了系列画的方式（他后来创作了《大教堂》和《干草垛》系列），他非常欣赏浮世绘不用透视的传统和极为纯粹的线条，异常简洁但非常有效。确实非常有效，以至于数年之后，这些线条出现在了摄影作品中。美国摄影师韦斯顿拍摄的这幅圣·丹尼斯的肖像作品，你不觉得眼熟吗？这幅照片好似惠斯勒同名画作的孪生兄弟。和服、折扇、发式，所有的元素都原封未动。蜿蜒的曲线勾勒出女舞者的身体，这是照片的脊柱。

《身穿和服的露丝·圣·丹尼斯》
（***Ruth St Denis en costume japonais***），
爱德华·韦斯顿，1916 年。
黑白照片，17 厘米 x 12 厘米，41 厘米 x 36 厘米纸面装裱。
纽约，纽约公共图书馆表演艺术分馆。

缤纷的海啸

我们常常谈论印象派，而高更也是浮世绘的粉丝。《布道后的幻象》是一幅西方宗教题材的画作。画中的地点在布列塔尼，但可以看到日本艺术的元素：简化的造型与透视。画家完全参照了浮世绘的画法，围绕一条主线——树枝形成的对角线进行构图，尤其是浮世绘中那种均匀涂抹的纯粹色调，比如大红色的背景和天使蓝色的裙袍。高更并非唯一一个对浮世绘心驰神往的画家。围绕在鲜艳色彩区四周的黑色轮廓，出现在了高更的朋友、分隔主义派画家埃米尔·贝尔纳的作品中。至于梵高，这位从浮世绘中汲取了无尽缤纷灵感的画家，甚至在 1887 年举办了一次浮世绘的专题展览。浮世绘就这样帮助欧洲踏进了现代艺术的时代。

埃米莉·马丁－内特 撰文

《布道后的幻象》（*La Vision après le sermon*），保罗·高更，1888 年。布面油画，72.2 厘米 x 93 厘米。爱丁堡，苏格兰国立美术馆。

漫画传奇

日本漫画是近代的产物吗？实际上，日本漫画植根于很久以前的日本艺术。从浮世绘到漫画，只差一步！

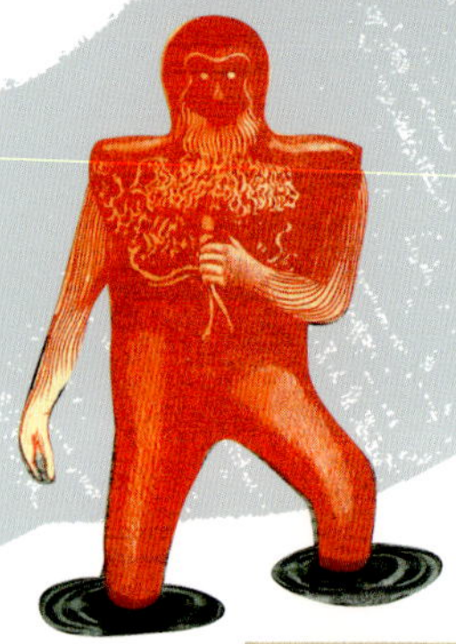

《北斋漫画节选：潜水的方法》（*Extrait de la manga : méthode de plongée*），葛饰北斋，约 1816 年。速写（局部）。巴黎，法国国家图书馆。

《鸟兽人物戏画》[*Choju-Jinbutsu-Giga* (*Caricature de personnages de la faune*)]，13 世纪。
卷轴画，羽毛笔、墨水，30.6 厘米 x 83.3 厘米。东京，东京国立博物馆。

北斋漫画之前的漫画

“漫画”？这个词是葛饰北斋的发明。19 世纪初，这位浮世绘之王创作了一套类似百科全书的作品。这套作品分成若干卷，是葛饰北斋用来教学生画画用的，教授内容为形态各异的姿势。葛饰北斋把这部作品命名为“漫画”，由两个表意文字构成，“漫”的意思是“迅速轻巧地画成”，“画”的意思是“绘画”。但漫画的雏形早在葛饰北斋发明这个词之前就已经存在了。证据？在 7 世纪末，爱开玩笑的工人们把一些讽刺画藏在法隆寺的壁板后面，一个世纪之后，再也不用躲躲藏藏了，人们把故事都画在画卷之中，这种画叫作“绘卷”。随着绘卷从左至右展开，这些与人神似的动物的故事就栩栩如生地展现在人们眼前。确实是一个让人物活起来的好法子。

奈良的世界

17 世纪，出现了像《奈良书》这样配有彩色图画的书籍，开始讲述一些关于鬼怪和奇异昆虫的民间故事。你瞧，左边这幅画中的生物乘着风火轮从天而降，它有人类的身体，长着尖指甲的爪子和动物的头，你会觉得漫画家就像个疯狂的科学家。这一点从来都没真正改变过：漫画家总是喜欢画一些具有人类特征的怪物，就是为了让我们情不自禁地打个激灵……这种相似在河锅晓斋的《风流蛙大合战之图》中就更为明显了。艺术家借用自己青睐的动物，以讽刺画的形式描绘了各个部族之间的权力斗争。借动物说人是一种被很多现代漫画家所沿用的手法，比如《少女合欢》，里面的主角都是可爱的动物；而在《火影忍者》中，妙木山上住着拥有超强战斗技能的蛤蟆。看看这幅《风流蛙大合战之图》，一颗炮弹炸了个粉碎，从洞口喷出的扇形线条象征着爆炸，百发百中、火光冲天！冲击波呢，则由喷溅而成的墨汁痕迹所代表。拿一本现代漫画，将其中的战斗场面与之比较一下，相似程度简直令人惊异，不是吗？

《奈良书，七夕节》(*Livres de Nara, la fête de Tanabata*)，约 1661—1673 年。
搭配绘画的手稿（局部）。巴黎，法国国家图书馆。

《风流蛙大合战之图》(*Image élégante de la Grande Bataille de Grenouille*)，河锅晓斋，1864 年。
三联张版画，每联 36.7 厘米 x 25.5 厘米。河锅晓斋纪念美术馆。

惊人的团队

就连漫画家的工作统筹，都继承了浮世绘的传统。独自一人无法完成浮世绘的创作，漫画也是一样。实际上，这些艺术家需要一个团队做后盾。对浮世绘师来说，他们需要雕版师、刷版师和出版商的协助。漫画家虽然不再需要雕版师，但一群助手是必不可少的，否则，工作进度很难得到保障。因为想要赚钱，就必须大量生产（谷口治郎在为漫画周刊工作时，曾经达到过每月 120 页的工作量）。无论浮世绘还是漫画，都是高强度的体力活。没有好的出版商，怎么能够知道读者的期待呢？又怎么能让你的作品为人所知呢？一旦确定了某个有趣的主题，浮世绘和漫画往往会做成系列。但是如果销量不佳，一切都会终止！说到底，几百年来，一直都是老样子……

再次启程

还有一些人，对这种血统关系进行了更加深入的研究，比如成立于 1921 年的东京漫画会的成员。为了追根溯源，他们重走了东海道，并效仿歌川广重，描绘了沿途 53 个宿驿的景致。水木茂，恐怖漫画的创始人之一，《鬼太郎》的作者，他的作品跟因歌川广重而成为不朽线路的东海道也有交集。所以，在原村，富士山一如既往地俯视着整个画面（见第 33 页），但在这幅水木茂的《原，朝之富士》中，你可以看到旅人中的鬼太郎，还有长着鱼头的担货郎，芦苇丛中则冒出一个手舞足蹈的怪物。像这样的例子还有很多很多！浮世绘与日本文化血浓于水，它所表现的主题和描绘的景致，成了所有日本艺术家，也包括漫画家，取之不尽的灵感之源。

《原，朝之富士》（*Hara, le Fuji au matin*）（根据歌川广重原画创作），水木茂，2003 年。
布面油画，267 厘米 x 370 厘米。水木茂工作室友情提供。

妖怪道
五十三次之内

浮世绘漫画

那么，漫画小书虫，你现在知道浮世绘是怎样的一种风格了吗？就拿谷口治郎的《行走之人》为例。这部漫画的故事情节很简单，看书名就知道了！书名看起来平淡无奇，但漫画家借助手中的一支笔，带着读者回到了浮世绘的黄金岁月。谷口治郎画起画来就像个金银匠：画面的边框装饰着精美的图案，有的画框纵向拉长，让人一看就会想到日本的挂轴画。谷口治郎还描绘了很多浮世绘师所钟爱的俯角景致，还有对植物的特写。你瞧，眼前就是一幅植物或鸟雀的浮世绘，就像葛饰北斋的《大花》系列。这种传承并非日本漫画所特有，在很多日本动画片中也可以看到。

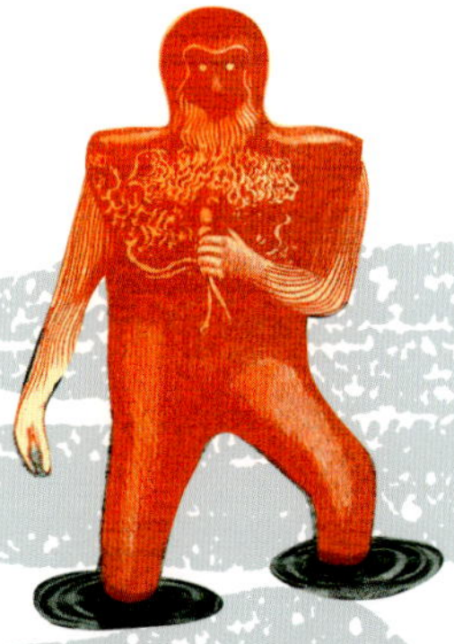

《行走之人（局部）》（*extrait de L'Homme qui marche*），谷口治郎，1992 年。
Casterman 出版社友情提供。

《千与千寻》剧照，宫崎骏，2001年。

宫崎骏，又一个“画狂老人”

你发现了吗？宫崎骏把从浮世绘里学到的东西，不动声色地放进了自己的电影。在观看《千与千寻》的过程中，我们有时候会觉得，宫崎骏的表现手法中透着浓浓的歌川广重式风格：夜幕降临时店铺的光影变化，又或者在汤池上方移动、最终降下喷涌水流的重重阴影……有时候，宫崎骏还会借鉴其他大师的成果。影片中的一些场景是从千寻的视角展现出来的，因此，观众也成了孩子。影片中的画面都是截断的平面。宫崎骏带我们重返童年，并采用了歌川广重和葛饰北斋新颖的取景方式。宫崎骏肯定是偷师“画狂老人”，才呈现出了这些典型日式风格融合西式透视法的画面，而这还不是全部……

踏着浮世绘的波浪

对浮世绘最显而易见的借鉴，那肯定得是宫崎骏对水的描绘方式，尤其是波浪，如假包换的葛饰北斋风格！在《悬崖上的金鱼姬》中一眼就能看出这种风格，因为波浪几乎被塑造成了一个独立的人物……哗啦，浑身腥气的怪物一头扎进水里，流动的水体上布满了细纹。这场暴风雨，你不觉得似曾相识吗？当然啦！就是那幅《神奈川冲浪里》（见第 30 页），但在电影画面中，宫崎骏把大海的愤怒分解成了一个个镜头。你可以看到海浪呈现出两种不同的蓝色，还有白色的浮沫，在倾泻而下的那一瞬间变成了恶龙的利爪。天际线消失了，住宅和船只在水墙的威胁下摇摇欲坠。宫崎骏以一种极为生动的方式，一边宣扬了人与自然的和谐相处，一边带着我们回顾了日本的浮世绘。一句话，宫崎骏深得浮世绘大师的真传！

克莱芒斯·西蒙 撰文

《悬崖上的金鱼姬》剧照，宫崎骏，2008 年。

艺术ABC

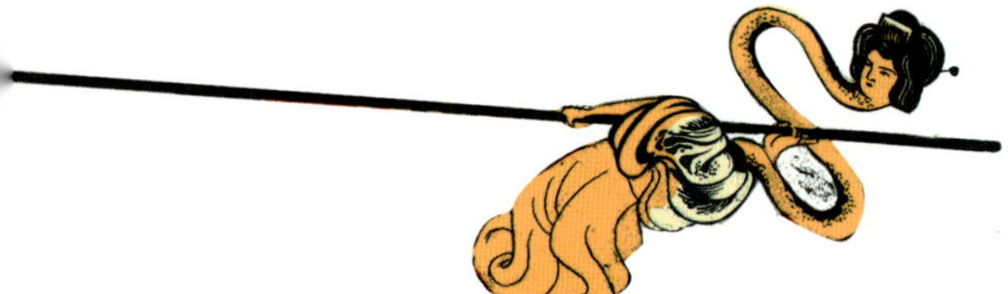

A Avant-gardes 前卫派

没有任何一种艺术，对欧洲的前卫派产生了像 19 世纪的浮世绘那样的影响。浮世绘所特有的色彩运用、轮廓或是画面的风格化，在印象派、象征派、野兽派和纳比派艺术家的作品中，都留下了难以磨灭的痕迹。

B Bokashi 晕染

一些风景绘，尤其是歌川广重和葛饰北斋的作品，都生动地体现了晕染的艺术：让同一种颜色呈现出从暗到明的渐变效果。正是这种技术，令浮世绘中的大海和天空如此动人。

C Comique 喜剧

无论是描绘风景还是描绘动物，浮世绘作品中都蕴藏着丰富的喜剧元素。对一些戏谑调笑的主题，甚至采用了滑稽怪诞的处理方式，比如歌川广重描绘的“饭碗”对阵“清酒杯”的战斗场面。

D Défis 挑战

为了展现自己的高超画技，或是表达对神灵的敬意，浮世绘大师们也会接受名副其实的挑战。比如，葛饰北斋就曾拿起一把扫帚，拎起一只装满墨汁的水桶，在户外创作了巨幅的一笔画。

E Edo 江户

在 19 世纪，江户（今天的东京）是日本最大的城市和世界上人口最多的城市之一。人们纷纷涌进江户城，做生意的做生意，看戏的看戏，还有的是为了享受城中丰富多彩的娱乐活动。这也就不奇怪，江户为什么会成为浮世绘反复描绘的主题。

F Fantastique 怪诞

巨大无比的蜗牛、吃小孩的怪物，以及其他怪诞的生灵，并非现代漫画所特有的人物。浮世绘里已经满是此类人物了，体现出一种钟情古怪角色的日式想象。

G Geishas 艺伎

艺伎，是浮世绘中无法绕过的描绘对象。艺伎复杂的服饰和考究的妆容，成了日本艺术家们描绘女性之美的理想范本。一些浮世绘师，比如喜多川歌麿，甚至成了描绘艺伎的专家。

H Hokusai 葛饰北斋

与歌川广重齐名的葛饰北斋，或许称得上最有名的浮世绘师。他怀着一颗谦卑的心，穷尽一生想要找到一种完美的绘画形式，他在死前甚至说道：“如果能再多活五年，我将会成为一个真正的画家……”

I Influences 影响

浮世绘对前卫派产生了深远的影响。但这种艺术本身也烙有日本人在 19 世纪发现的西方艺术的印记，尤其是西式透视法、百科全书绘画，以及像普鲁士蓝这样的色彩。

J Japonisme 日本主义

19 世纪中叶，欧洲掀起了一股追捧日本的热潮。各个领域都可以看到与日本有关的元素，绘画首当其冲，还有小说、建筑、时尚和歌剧。

K Kabuki 歌舞伎

歌舞伎，一种日本的传统戏剧。

这种极受欢迎的戏剧，成了艺术家们重要的灵感源泉。实际上，很多描绘战斗的武士或夫妻的浮世绘，表现的都是这种戏剧中的著名场景。

L lignée 血统

学徒期的日本艺术家，常常会继承老师的姓氏，所以就有了二代小西广贞、二代歌川广重或三代歌川丰国。哎呀呀，这些艺术家往往满足于模仿老师的风格，从不曾赶超或改进。

M Meiji 明治

歌川广重在1858年去世，他的浮世绘是最后一批描绘传统日本的作品之一。之后，在西方的影响下，新登基的天皇睦仁带领日本迈入了现代化时期，史称“明治”，意思是“向明而治”。

N Nature 大自然

大自然是风景绘的核心主题，往往经过艺术家理想化的处理。实际上，这些艺术家中的大部分人很少出门旅行，所以，他们经常会借助记述旅行的书籍和配有插图的旅行指南进行创作。

O ōban 大判

浮世绘有一套系统化的尺幅规格。风景绘最常使用的尺幅，是中判（26厘米 ×17厘米）和大判（约37厘米 ×25厘米）。歌川广重最喜欢的就是大判，这种尺幅可以让他的风景绘看起来更加宏伟壮丽。

P Photographie 摄影术

浮世绘在很多方面都采用了类似摄影术的手法，比如对细节的描绘或是特写。但是，摄影术在19世纪50年代中期才出现在日本，同时也预示了浮世绘的衰落。

R Rébus 字谜

在整个18世纪和19世纪，浮世绘的创作一直都处在监督之下。比如，浮世绘师不能描绘领主与烟花女子为伴的画面。为了绕过此类禁令，一些艺术家，比如喜多川歌麿，就在画中编制了暗藏人物身份的字谜。

S Samouraï 武士

大多数浮世绘大师出身卑微，只有歌川广重来自武士阶层，一个统治了日本很长时间的阶层。因此，歌川广重接受了良好的教育，是同时代艺术家中少有的文化人。

T Tôkaidô 东海道

东海道，一条长500千米的著名干道，连接起江户和京都。葛饰北斋和歌川广重曾先后创作了描绘东海道沿途53个宿驿的系列浮世绘，这些宿驿是用来供旅人歇脚的场所。

U Utagawa 歌川

浮世绘师会进入专门的学校学画，这些学校间也会相互竞争。东京最著名的浮世绘学校之一，就是歌川广重的老师歌川丰广的学校。正是为了表达对老师的敬意，歌川广重才把自己的本名安藤广重改成了歌川广重。

V Van Gogh 梵高

梵高，似乎是欧洲艺术家中受浮世绘影响最深的一位。他在有生之年没能亲自前往日本，于是收藏了大量的风景绘，甚至还临摹过大师的作品，比如《龟户梅屋铺》和《大桥安宅之夕立》。

W Whistler 惠斯勒

1875年，惠斯勒对歌川广重一幅作品的重新演绎，在英国引发了一场对现代艺术的争论。评论界对这位印象派画家出言不逊，双方最终还闹上了公堂！

X Xylographe 木刻版画家

日本版画（即浮世绘）是一种木刻版画，就是雕刻在木板上的画。这是一个集体创作的过程，而原画师只是其中的一个环节。出版商和刷版师在这个过程中也扮演了重要角色。

Y Yoshiwara 吉原

吉原和市区有一段距离，曾经是江户城著名的风月场所。烟花女子、歌舞伎演员、武士和领主，聚在这里寻欢作乐。艺术家也是这里的常客，他们在这里找到了无穷无尽的创作灵感。

Z Zen 禅

风景绘中散发出的和谐气息，与禅的哲学不无关系。这种气息体现了艺术家在自然面前长时间的沉思和冥想，他们想要通过这种佛教的修行方式，实现“开悟”和对自我的超越。

埃卢瓦 · 鲁索 撰文

第一间印刷工坊

通过对世界的观察，日本的艺术家们明白了一个道理：没有什么是永恒不变的，一切都在有节奏地变化……

在浮世绘平静的表面背后，藏着一段人人各司其职的手工冒险，原画师、雕版师和刷版师，还要加上数十块需要雕刻的木板、数以百计的工时，所有这些仅仅是为了一幅画，多么宏大的工程啊！以下是几种简单的技术，可以让你了解浮世绘的主要原理。

1. 把托盘擦干净，用纸胶布在厚康颂纸的四个角上标定纸面的尺幅，这将是你的印刷区域。在一张草稿纸上剪出几个形状，用作你的镂空模板。我剪了两个房子和一棵树。

2. 用那支很粗的画笔，把经水稀释过的墨水涂在印刷区域，墨水的颜色由你选择，把剪下来的形状放在这个底色上。现在，你可以进行第一次印刷了：把一张纸放在纸胶布标定的框内，不要再移动。用你的拳头在整个纸面上轻轻捶打（记住不要摩擦）。

3. 把这张纸揭下来：捏住纸的一角，轻轻掀起。等待纸张晾干。你会发现，镂空模板形成了一块“保留地”，这是一个广为使用的窍门。

4. 把沾染了墨水的表面仔细擦干净。把剪纸形状揭下来，用厨房纸拭干。然后用墨水调制出几种不同的颜色，用那支很细的画笔把颜色涂抹在剪纸形状上。

5. 把这些形状小心地放回原来的位置，然后再次用拳头进行印刷，记住不要摩擦。轻轻掀起剪纸形状，这样一来，白色的中间就出现了几抹色彩！

6. 现在，你可以直接在这个表面上作画了。比如，你可以用一根浸了墨水的缝纫线来画，这样的话，在印刷之后就会出现黑色的线条。通过这种方法，我在近景中画出了一片树叶。

7. 现在你知道所有关于印刷的诀窍了，就可以随意对你的浮世绘进行加工了。比如，你可以把墨水涂抹在特定的区域，勾勒出你想要的轮廓……我们再来一次？

索尼娅·德蒙奇 撰文

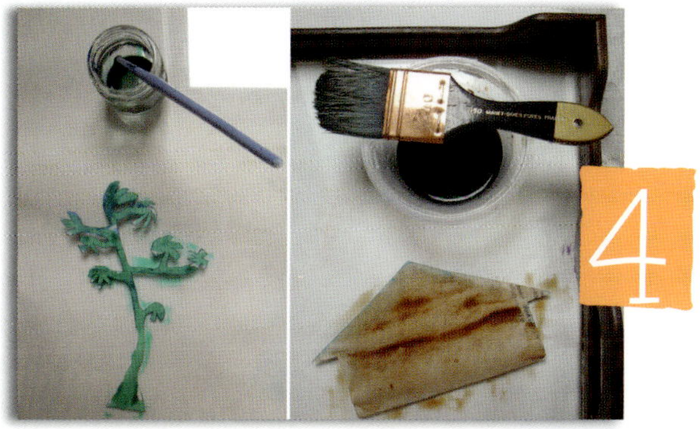

你需要：

- 一个塑料或玻璃托盘
- 纸胶布
- 较厚的康颂纸
- 草稿纸
- 剪刀
- 一个平底大口杯、水和厨房纸
- 墨水（或用水稀释过的半透明颜料）
- 一支很粗的画笔和一支很细的画笔
- 缝纫线

印刷工坊

关于花纹

小花或大花，有时是条纹：浮世绘中的烟花女子，衣服上布满了各种各样的花纹。

你需要：

- 草稿纸
- 一张 A3 纸，颜色不要过白
- 墨水
- 几个印台
- 一截漂亮的芹菜和一把刀
- 几支色粉笔或彩色铅笔
- 一支黑色铅笔

美丽的姑娘和著名的烟花女子，常常是浮世绘精心描绘的对象。她们的衣饰与和服都异常精美，装饰的印花图案与衣褶完美相称。接下来，我们将借助一种非常简单的版画技术，为一个日本浮世绘大师风格的美人画出和服上的装饰花纹。

1. 切下一段芹菜，作为你的印章。

2. 用墨水浸湿印台。试着用不同粗细的芹菜段和颜色，印出不同厚度的图案。你可以尽情地创作各式各样的图案，然后挑出你最喜欢的。

3. 拿出 A3 纸，照着浮世绘的样子，用色粉笔或彩色铅笔画一个身穿和服的美女。从人物身姿的大致轮廓开始，然后用黑色铅笔画出人物的面孔和手脚。

4. 再次拿起芹菜段，沿着织物褶皱的方向，在人物的衣服上印满花纹。你可以在边缘处印上不同的花纹。精美的印花就诞生啦！你可以用这种方法描绘和装饰画面的其他部分，你瞧，我就是用这种方法为美女手中的团扇画上了花纹。

路易斯 · 厄热尔 撰文

2

3

4

图片权利声明

© ADAGP, Paris 2017, pour les œuvres de ses membres.

封面

Hokusai, *Le Spectre de Kohada Koheiji*, vers 1830. RC-A-10959. © Photo : BnF / Jean Buhot 838.

P. 06-11

1) **Harunobu, *Osen de Kagiya et le jeune Samouraï*, vers 1768-1769.** © Photo : Museum of Fine Arts, Boston / William S. and John T. Spaulding Collection. 214977. 2) **Utamaro, *Coup d'œil furtif*, vers 1799-1800.** RC-C-15915. © Photo : BnF / Jean Buhot 523. 3) **Sharaku, *Portrait d'acteurs de kabuki*, 1794.** © Photo : RMN-Grand Palais (musée Guimet, Paris) / Harry Bréjat. 4) **Toyoharu, *Vue en perspective (uki-e) du grand canal de Venise*, 1770.** © Photo : RMN-Grand Palais (musée Guimet, Paris) / Harry Bréjat. 5) **Hokusai, *Martin-pêcheur, œillet et iris*, 1834.** © Photo : RMN-Grand Palais (musée Guimet, Paris) / Harry Bréjat.

P. 14-17

1) **Utamaro, *Bois de trait d'un portrait de jeune femme en plan rapproché*, XVIIIe siècle.** NQ-C-016839. © Photo : BnF / Germaine de Coster. 2) **Utamaro, *Impression moderne du portrait de jeune femme en plan rapproché*, XIXe siècle.** RC-A-95659. © Photo : BnF / Jean Buhot 580. 3) **Kunisada, *Triptyque : atelier d'estampe Ukiyo-e*, 1850.** © Photo : RMN-Grand Palais (musée Guimet, Paris) / Michèle Bellot.

P. 20-25

1) **Hosoda Eishi, *Les quatre saisons du plaisir au Yoshiwara*, 1790-1800.** RC-A-78392. © Photo : BnF. 2) **Hokusai, *27e vue : Enoshima dans la province de Sagami*, vers 1829-1834.** NQ-C-007056. © Photo : BnF. 3) **Hiroshige, *Le pont de Nihon-bashi*, vers 1833.** © 2012. Photo The Newark Museum / Art Resource /Scala, Florence. 4) **Hokusai, *Cascade de Yoshitsune*, 1833.** © Photo : Freer Gallery of Art, Smithsonian Institution, Washington, D.C.: Gift of the Family of Eugene and Agnes E. Meyer, F1974.68. 5) **Hiroshige, *48e relais : Sakanoshita*, vers 1833.** RC-A-62616. © Photo : BnF / Jean Buhot 1050.

P. 28-33

1) **Hokusai, *3e vue : L'orage au sommet de la montagne*, vers 1829-1834.** RC-B-06264. © Photo : BnF / Jean Buhot 784. 2) **Hata no Chitei, *Trésor national, dix panneaux illustrant la biographie du prince Shôtoku (détail)*, vers 1069.** © Photo : Tôkyô National Museum / DNP Art Communications Co., Ltd. 3) **Hokusai, *Sous la vague au large de Kanagawa*, vers 1830-1832.** © Photo : RMN-Grand Palais (musée Guimet, Paris) / Harry Bréjat. 4) **Hokusai, *8e vue : La rivière Tama dans la province de Musashi*, vers 1829-1833.** NQ-C-007043. © Photo : BnF / Samuel Bing. 5) **Hiroshige, *Mishima*, vers 1838.** © Photo : The Metropolitan Museum of Art, Dist. RMN-Grand Palais / image of the MMA. 6) **Hiroshige, *13e relais : Hara, le Fuji au matin*, vers 1833.** RC-A-62581. © Photo : BnF / Jean Buhot 1014.

P. 36-39

1) **Hokusai, *Le Spectre de Kohada Koheiji*, vers 1830.** RC-A-10959. © Photo : BnF / Jean Buhot 838. 2) **Kuniyoshi, *La princesse Takiyasha convoque un spectre squelettique pour effrayer Mitsukuni*, vers 1844.** © Photo : The British Museum, Londres, Dist. RMN-Grand Palais / The Trustees of the British Museum. 3) **Yoshitoshi, *Le lourd panier*, 1892.** © Photo : The National Gallery of Australia / The Poynton Bequest / The Bridgeman Art Labrary.

P. 43

1) **Hiroshige, *Averse soudaine sur le pont Ohashi à Atake*, 1857.** © Superstock / Leemage.

P. 46-49

1) **James McNeill Whistler, *La Princesse du pays de la porcelaine*, 1863-1865.** © Photo : Freer Gallery of Art, Smithsonian Institution, Washington, D.C. : Gift of Charles Lang Freer, F1903.91a-b. 2) **Edward Weston, *Ruth St Denis en costume japonais*, 1916.** © Photo : The New York Public Library. 3) **Paul Gauguin, *La Vision après le sermon*, 1888.** © Photo : National Galleries of Scotland, Dist. RMN-Grand Palais / Scottish National Gallery Photographic Department.

P. 52-61

1) **Hokusai, *Extrait de la manga : méthode de plongée*, vers 1816.** NQ-D-000858. © Photo BnF / Théodore Duret. 2) ***Choju-Jinbutsu-Giga (Caricature de personnages de la faune)*,** XIléme siecle. © Photo : Tôkyô National Museum / DNP Art Communications Co., Ltd. 3) ***Livres de Nara, la fête de Tanabata*, vers 1661-1673.** RC-C-18158. © Photo : BnF. 4) **Kyôsai, *Image élégante de la Grande Bataille de Grenouille*, 1864.** © Photo : Kawanabe Kyosai Memorial Museum. 5) **Shigeru Mizuki, *Hara, le Fuji au matin* (d'après Hiroshige), 2003.** © Mizuki Productions. 6) **Jirô Taniguchi, extrait de *L'homme qui marche*, 1992.** © by Taniguchi Jiro / Kodansha. Courtesy éditions Casterman. 7) **Hayao Miyazaki, extrait du *Voyage de Chihiro*, 2001.** © Photo : collection Christophel © 2001 - Studio Ghibli. 8) **Hayao Miyazaki, extrait de *Ponyo sur la falaise*, 2008.** © Photo : collection Christophel © WALT DISNEY STUDIOS MOTION PICTURES France.